LIBRO RECOMENDADO

Jarosław Jankowski

¿Sabes quién eres?
Una guía por los 16 tipos
de personalidad ID16™©

¿Por qué somos tan diferentes? ¿Por qué
asimilamos la información de forma distinta,
descansamos de otra manera, tomamos
decisiones de otra forma y organizamos
de manera diferente nuestra vida?

«¿Sabes quién eres?» te permitirá
comprenderte mejor a ti mismo y a los demás.
El test ID16 ™© incluido en el libro te ayudará
a determinar tu tipo de personalidad,
ofreciéndote una valiosa introspección.

Tu tipo de personalidad:

Lógico
(INTP)

Tu tipo de personalidad:
Lógico
(INTP)

JAROSŁAW JANKOWSKI

LOGOS MEDIA

Tu tipo de personalidad: Lógico (INTP)

Esta publicación puede ayudarte a utilizar mejor tu potencial, a crear relaciones saludables con otras personas y a tomar buenas decisiones en lo relativo a la educación y la carrera profesional. Sin embargo, en ningún caso debería ser tratada como un sustituto de una consulta psicológica o psiquiátrica especializada. El autor y el editor no asumen la responsabilidad por los eventuales daños resultantes de un uso indebido de este libro.

ID16™© es una tipología de la personalidad original. No se la debe confundir con las tipologías y los test de personalidad de otros autores o instituciones.

Título original: Twój typ osobowości: Logik (INTP)

Traducción del idioma polaco: Ángel López Pombero, Lingua Lab, www.lingualab.pl

Redacción: Xavier Bordas Cornet, Lingua Lab, www.lingualab.pl

Redacción técnica: Zbigniew Szalbot

Editor: LOGOS MEDIA

ISBN (versión impresa): 978-83-7981-203-5
ISBN (EPUB): 978-83-7981-204-2
ISBN (MOBI): 978-83-7981-205-9

Índice

Prólogo

Tu tipo de personalidad: Lógico (INTP) es un extraordinario compendio de conocimiento acerca del *lógico*, uno de los 16 tipos de personalidad ID16™©.

Esta guía es parte de la serie ID16™©, formada por 16 libros dedicados a los diferentes tipos de personalidad. De forma exhaustiva y clara responden a las siguientes preguntas:

- ¿Qué piensan y sienten las personas que pertenecen a un determinado tipo de personalidad? ¿Cómo toman las decisiones? ¿Cómo solucionan los problemas? ¿De qué tienen miedo? ¿Qué les irrita?

- ¿Con qué tipos de personalidad se relacionan y cuáles evitan? ¿Qué tipo de amigos, cónyuges, padres son? ¿Cómo los ven los demás?

- ¿Qué predisposiciones profesionales tienen? ¿En qué entorno trabajan de manera más efectiva? ¿Qué profesiones se corresponden mejor con su tipo de personalidad?

- ¿En qué son buenos y en qué deben mejorar? ¿Cómo deben aprovechar su potencial y evitar las trampas?

- ¿Qué personas conocidas pertenecen a un determinado tipo de personalidad?

- ¿Qué sociedad muestra más rasgos característicos de un determinado tipo?

En este libro también encontrarás la información más importante sobre la tipología ID16™©.

Esperamos que te ayude a conocerte mejor a ti mismo y a los demás.

EDITORES

ID16™© entre las tipologías de personalidad de Jung

ID16™© pertenece a la familia de las denominadas tipologías de personalidad de Jung, que hacen referencia a la teoría de Carl Gustav Jung (1875 – 1961), psiquiatra y psicólogo suizo, uno de los principales representantes de la denominada psicología profunda.

Sobre la base de muchos años de estudio y observación, Jung llegó a la conclusión de que las diferencias en las actitudes y las preferencias de las personas no son casuales. Creó la división, bien conocida hoy en día, entre extrovertidos e introvertidos. Además, distinguió cuatro funciones de la personalidad, que forman dos pares de factores contrarios: percepción – intuición y pensamiento – sentimiento. Estableció también que en cada una de estas parejas domina una de las funciones. Jung llegó a la convicción de que las funciones dominantes de cada persona son permanentes e independientes de las condiciones externas y que su resultante es el tipo de personalidad.

En el año 1938 dos psiquiatras estadounidenses, Horace Gray y Joseph Wheelwright, crearon el primer test de personalidad basado en la teoría de Jung, que permitía determinar las funciones dominantes en las tres dimensiones descritas por él: **extroversión − introversión, percepción − intuición** y **pensamiento − sentimiento**. Este test se convirtió en una inspiración para otros investigadores. En el año 1942, también en suelo americano, Isabel Briggs Myers y Katharine Briggs comenzaron a emplear su propio test de personalidad, ampliando el clásico modelo tridimensional de Gray y Wheelwright con una cuarta dimensión: **juicio − percepción**. La mayoría de las tipologías y test de personalidad posteriores, referidos a la teoría de Jung, también toman en consideración esta cuarta dimensión.

Pertenecen a ellas, entre otros, la tipología americana publicada en el año 1978 por David W. Keirsey, así como el test de personalidad creado en Lituania en los años 70 del siglo XX por Aušra Augustinavičiūtė. En las décadas posteriores, investigadores de diferentes partes del mundo fueron tras sus huellas. Ellos crearon otras tipologías con cuatro dimensiones y varios test de personalidad adaptados a las condiciones y necesidades locales.

A este grupo pertenece la tipología de personalidad independiente ID16™©, desarrollada en Polonia por el pedagogo y mánager Jarosław Jankowski. Esta tipología, publicada en la primera década del siglo XXI, también se basa en la teoría clásica de Carl Jung. Al igual que otras tipologías de Jung contemporáneas, se inscribe en la corriente del análisis tetradimensional de la personalidad. En el marco de ID16™© estas dimensiones se llaman las **cuatro tendencias naturales**. Estas tendencias tienen un carácter dicotómico y su imagen proporciona información sobre el tipo de personalidad de la persona. El análisis de la primera tendencia tiene como objetivo determinar la **fuente de energía vital** dominante (el mundo exterior o el mundo interior). El análisis de la segunda tendencia determina la **forma dominante de asimilación de la información** (a través de los sentidos o a través de la intuición). El análisis de la tercera tendencia determina la **forma de toma de decisiones** dominante (según la razón o el corazón). El análisis de la cuarta tendencia determina, sin embargo, el **estilo de vida** dominante (organizado o espontáneo). La combinación de todas estas tendencias naturales da como resultado **16 posibles tipos de personalidad**.

La característica especial de la tipología ID16™© es su dimensión práctica. Esta describe los diferentes tipos de personalidad según se comportan en la acción: en el trabajo, en la vida diaria y en las relaciones con otras personas. No se concentra en la dinámica interna de la personalidad, ni tampoco intenta aclarar teóricamente procesos interiores e invisibles. Más bien se concentra en cómo un determinado tipo de personalidad se manifiesta al exterior y de qué forma influye sobre el entorno. Este acento en el aspecto social de la personalidad aproxima de cierto modo la tipología ID16™© a la tipología de Aušra Augustinavičiūtė anteriormente mencionada.

Cada uno de los 16 tipos de personalidad ID16™© es la resultante de las tendencias naturales de la persona. La inclusión en un determinado tipo no tiene, sin embargo, características evaluativas. Ningún tipo de personalidad es mejor o peor que los otros. Cada uno de los tipos es simplemente diferente y cada uno tiene sus puntos potencialmente fuertes y débiles. ID16™© permite identificar y describir estas diferencias. Ayuda a comprenderse a uno mismo y a descubrir nuestro lugar en el mundo.

Conocer el perfil propio de personalidad permite a las personas aprovechar en su totalidad su potencial y trabajar en las áreas que pueden causarles problemas. Este conocimiento constituye una ayuda inestimable en la vida diaria, en la solución de problemas, en la creación de relaciones sanas con otras personas y en la toma de decisiones acerca de la educación y la carrera profesional.

La determinación del tipo de personalidad no es un proceso de carácter arbitrario y mecánico. Cada persona, como «propietario y usuario de su personalidad» es plenamente competente para determinar a qué tipo pertenece. Su papel en este proceso es, por lo tanto, crucial. Esta autoidentificación puede realizarse analizando las descripciones de los 16 tipos de personalidad y estrechando gradualmente el campo de elección. Sin embargo, se puede elegir un camino más corto: utilizar el test de personalidad ID16™©. También en este caso, el «usuario de la personalidad» tiene un papel primordial, ya que el resultado del test depende exclusivamente de las respuestas del usuario.

La identificación del tipo de personalidad ayuda a conocerse a uno mismo y a los demás; no obstante, no debería ser tratada como una profecía que predestina el futuro. El tipo de personalidad nunca puede justificar nuestras debilidades o nuestras malas relaciones con otras personas (¡aunque puede ayudar a comprender sus motivos!).

En el marco de ID16™© el tipo de personalidad no es tratado como un estado estático, genéticamente determinado, sino como la resultante de características innatas y adquiridas. Este enfoque no quita importancia al libre albedrío, ni tampoco pretende clasificar a las personas. Abre ante nosotros nuevas perspectivas que nos animan a trabajar sobre nosotros mismos, ya su vez estas perspectivas nos muestran las áreas en las que este trabajo es más necesario.

Lógico (INTP)

La personalidad a grandes rasgos

Lema vital: *Lo más importante es conocer la verdad acerca del mundo.*

Original, ingenioso y creativo. Le gusta resolver problemas de índole teórica. Analítico, brillante y con una actitud entusiasta hacia las nuevas ideas. Es capaz de relacionar fenómenos concretos y deducir de ellos principios generales y teorías. Lógico, preciso e indagador. Percibe rápidamente los síntomas de incoherencia e inconsecuencia.

Independiente y escéptico ante las soluciones y autoridades establecidas. Tolerante y abierto a los nuevos retos. Se suele quedar absorto en sus reflexiones, a veces pierde el contacto con el mundo exterior.

Tendencias naturales del *lógico*:

- Fuente de energía vital: mundo interior.
- Asimilación de información: intuición.
- Toma de decisiones: razón.
- Estilo de vida: espontáneo.

Tipos de personalidad similares:

- *Estratega*
- *Innovador*
- *Director*

Datos estadísticos:

- Los *lógicos* constituyen el 2-3% de la población.
- Entre los *lógicos* predominan claramente los hombres (80%).
- El país que se corresponde con el perfil de *lógico* es la India[1].

Código literal:

El código literal universal del *lógico* en las tipologías de personalidad de Jung es INTP.

Características generales

Los *lógicos* son personas extraordinariamente creativas, no convencionales y originales. Saben

---

[1] Esto no quiere decir que todos los habitantes de la India pertenezcan a este tipo de personalidad, sino que la sociedad india, en su conjunto, tiene muchas características del *lógico*.

relacionar hechos y experiencias individuales y crear a partir de ellos sistemas complejos y coherentes. Son insistentes buscadores de la verdad e investigadores de los principios que rigen el mundo.

La vida de los *lógicos* se desarrolla principalmente en su rico mundo interior. Exteriormente son a menudo minimalistas e intentan simplificar su vida. No les gusta tener demasiadas cosas y obligaciones. No tienen grandes necesidades, ni les gustan las extravagancias y su estilo de vida es extraordinariamente sencillo. Gracias a esta actitud pueden concentrarse totalmente en los problemas que les preocupan.

Pensamientos

Los *lógicos* se caracterizan por su excepcionalmente alta independencia intelectual. A menudo cuestionan las opiniones generalizadas, ponen en duda las soluciones establecidas y perciben inexactitudes y lagunas en las teorías generalmente aceptadas. Desconfían de las autoridades y están muy apegados a sus propias opiniones. Sin embargo, cuando disponen de nuevos datos son capaces de verificar sus ideas y puntos de vista anteriores. Siempre se desarrolla en su interior una característica tormenta de ideas. Su mente trabaja continuamente a altas revoluciones.

Estudios

Les gusta resolver problemas de naturaleza lógica y ayudar a los demás a comprender los principios generales que rigen el mundo y el comportamiento de las personas. Son capaces de sistematizar los conocimientos en un todo lógico y darle una estructura coherente. Siempre les gusta aprender cosas nuevas y experimentar. Por lo general, son lógicos (de ahí el nombre de este tipo de personalidad) y teóricos, por eso les interesa más crear conceptos teóricos que aplicarlos en la práctica.

Soportan bien los cambios y por lo general son tolerantes y flexibles. Una excepción son las situaciones en las que alguien cuestiona sus convicciones o procede de forma que atenta contra sus principios. Entonces, no solo son capaces de oponerse, sino también de pelear por la defensa de sus razones. Tratan también con reservas los proyectos que no tienen una fundamentación racional.

Obstáculos

Normalmente les cansan las tareas diarias y rutinarias. No les gusta comprar ropa y cosméticos, pagar facturas, poner en orden y limpiar la casa. Ven estas acciones como ladronas de un tiempo valioso y — más o menos conscientemente — las descuidan. Les irritan las contradicciones lógicas, las declaraciones descuidadas o imprecisas y los argumentos extensos, pero con poco contenido.

Les cuesta entender a las personas que no comparten su entusiasmo por la búsqueda de la verdad sobre el mundo. Les irrita la pereza intelectual y la incompetencia. Les asombran las personas que no tienen necesidad de desarrollarse (por ejemplo, siguen siendo ignorantes, a pesar de haber trabajado muchos años en un determinado campo). No les impresionan los títulos universitarios, la posición o la fama de la gente. Valoran a su vez la competencia, el saber, la experiencia y la inteligencia. Les gusta la compañía de personas sinceras, abiertas y auténticas que — independientemente del campo profesional — sean buenas en lo que hacen.

A los ojos de los demás

Son percibidos por los demás como personas rectas y sinceras a las que, sin embargo, es difícil acercarse. En un primer contacto pueden parecer tímidos y distantes; sin embargo, entre amigos se sienten seguros, en particular cuando presentan sus puntos de vista o teorías. A veces, son vistos como personas informales, olvidadizas y no demasiado bien organizadas. Absortos en nuevas ideas, a menudo olvidan las declaraciones, compromisos y promesas anteriores. En general, a la gente le cuesta comprender las líneas generales de su pensamiento. A veces aparecen como unos sabelotodo y excesivamente críticos. Mientras, a otros les irrita que hilen tan fino y corrijan continuamente a todo el mundo.

Percepción y resolución de problemas

Los *lógicos* son personas con una mente lúcida, que se mueven perfectamente por el mundo de las teorías abstractas. Les gustan los nuevos retos y aprenden de buen grado cosas nuevas. Son excepcionalmente brillantes y a veces pueden tener ideas geniales. Tienen una actitud entusiasta hacia las nuevas ideas. La posibilidad de experimentar es para ellos más importante que la estabilidad y el sentimiento de seguridad. Les gustan las innovaciones y los enfoques no convencionales de los problemas. Tienen el excepcional don de advertir las hipotéticas posibilidades y de crear teorías nuevas (así como de derrumbar las antiguas). Piensan de forma atípica, nada estereotipada, por esa razón a menudo llegan a soluciones a las que no llegaron otros. Se caracterizan por su pensamiento global y su interés por las soluciones complejas y a largo plazo. Perciben los fenómenos concretos como partes de un todo mayor y ven las relaciones entre ellos.

Les convencen los argumentos lógicos y las decisiones basadas en fundamentos objetivos y racionales. Sin embargo, no les convencen las actuaciones realizadas sobre la base de sentimientos subjetivos o emociones. Saben definir con precisión los problemas y concentrarse en lo que es más importante.

Descubren rápidamente cualquier imprecisión o incoherencia. Para ellos es más importante guiarse por la lógica y aspirar a la verdad objetiva que el buen estado de ánimo de alguien; por eso, consideran que no hay que basarse en las emociones, sentimientos o simpatías. Son excepcionalmente persistentes en las investigaciones y extraordinariamente objetivos. Buscan soluciones a los problemas, independientemente de que vayan a ser provechosas para ellos mismos o no. No abandonan las investigaciones ni siquiera cuando saben que el potencial descubrimiento puede costarles bastante (por ejemplo, poner patas arriba su actual visión del mundo).

Comunicación

Los *lógicos* se expresan de forma muy correcta, concisa y precisa (desde el punto de vista de la precisión en la descripción de la realidad y la definición de los problemas superan a todos los demás tipos de personalidad). Por lo general, son, sin embargo, muy poco habladores. Hablan principalmente cuando tienen algo importante que transmitir.

En otras situaciones raramente se comunican. Pueden incluso no hablar en absoluto durante mucho tiempo. No son de las personas a las que les gusta conversar para matar el tiempo o mantener un ambiente agradable.

No les dan gran valor a las formas, la urbanidad y los gestos corteses. Les cansan las reuniones ocasionales y de amigos. Les suelen ocurrir que cometen diferentes meteduras de pata o se comportan de forma poco delicada (lo que se suele interpretar erróneamente como aversión hacia la gente). Les cuesta escuchar tranquilamente declaraciones que — en su opinión — no tengan sentido o contengan información errónea. En esos casos tienen tendencia a corregir a los demás, lo que a veces causa tensiones en las relaciones con la gente y hace que sean vistos como los que «siempre lo saben todo mejor que nadie».

Son imbatibles en las discusiones, ya que es difícil hacer frente a su argumentación lógica y coherente. Prefieren hablar de los problemas de tipo teórico que les atraen. Sin embargo, no siempre encuentran a su alrededor a personas que compartan su afición por este tipo de investigaciones.

A veces se aíslan de la gente y evitan el contacto. Sin embargo esto no es — como algunos suponen erróneamente — una forma de demostrar distancia y superioridad ante los demás, sino su necesidad natural. Solo en silencio y en la soledad son capaces de concentrarse y regenerarse.

Ante situaciones de estrés

A menudo los *lógicos* se convierten en verdaderos expertos en los campos de los que se ocupan. Por lo general, están seguros de sí mismos y son conscientes de sus propias competencias, aunque también se dan cuenta de sus limitaciones, imperfecciones y carencias. Algunas veces, simplemente se sienten abrumados por la inmensidad de su propia ignorancia. A veces les atormenta el miedo a la derrota y a cometer errores.

En situaciones de estrés pierden la confianza en sí mismos, empiezan a reaccionar de forma desproporcionada a los impulsos o se vuelven extraordinariamente desconfiados y recelosos. Les encanta pasar el tiempo libre en casa. Leen mucho, también les gustan los juegos y entretenimientos lógicos. Su mente siempre trabaja intensamente, por eso incluso en los ratos libres piensan en los problemas que les interesan y continúan sus investigaciones.

Aspecto social de la personalidad

Los *lógicos* son personas con un interior muy rico, pero a menudo dan la impresión de estar ausentes del mundo exterior. Ampliar su grupo de amigos y desarrollar las relaciones con la gente no son sus prioridades. A los demás también les cuesta aproximarse a ellos y penetrar en su mundo.

A los *lógicos* no les gusta llamar la atención. Cuando se ven como el centro de atención del grupo, se sienten incómodos. Hacen nuevas amistades despacio y con cautela. Confían de mala gana en otras personas y raramente piden ayuda a los demás. Temen la dependencia y la pérdida de autonomía. Soportan bien la crítica y ellos mismos son capaces de expresar opiniones críticas dirigidas a otros. Sin embargo, si pueden, intentan evitar las situaciones conflictivas (aunque no a cualquier precio).

Normalmente tienen dificultades para interpretar las emociones y sentimientos de otras personas, y también para expresar los suyos. Expresar afecto y mostrar cariño se les da mejor por escrito que en el contacto directo. Todo esto, en combinación con su escepticismo natural, su criticismo, su desconfianza y su tendencia a corregir a los demás, no les facilita el poder construir relaciones con la gente. Los *lógicos* se pierden en situaciones que requieren expresar sentimientos o mostrar afecto en público. También se sienten perdidos ante las tensiones y los conflictos: al no comprender el valor de las emociones humanas heridas y los sentimientos ofendidos, intentan referirse a la lógica, analizar la situación y determinar las causas racionales de los problemas.

Entre amigos

Los *lógicos* se sienten a gusto entre personas que comparten sus intereses o son expertos en una determinada materia. También les gusta estar entre personas para los que son una autoridad y con los que pueden compartir reflexiones. Consideran que las relaciones con otras personas deben servir para algo, por ejemplo, para adquirir conocimientos o buscar la verdad sobre el mundo. Se sienten inseguros en el mundo de las emociones y los sentimientos y en los contactos interpersonales intentan guiarse principalmente por la lógica. Esta actitud limita considerablemente su campo de visión y hace que puedan herir inconscientemente con su comportamiento a otras personas (por ejemplo, al no advertir que habría que mostrar gratitud a alguien o valorar sus esfuerzos; al no comprender que alguien pueda sentirse decepcionado o desanimado).

Normalmente solo tienen algunos amigos o conocidos más cercanos, aunque las relaciones con ellos son extraordinariamente profundas y duraderas. Hacen amistad más frecuentemente con *estrategas*, *innovadores*, *pragmáticos* y con otros *lógicos* que compartan sus pasiones e intereses. Menos frecuentemente, con *defensores*, *protectores* y *presentadores*.

En el matrimonio

Aunque los *lógicos* no están inclinados a establecer nuevas amistades y no les importa la popularidad ni la simpatía de las demás personas, la vida solitaria no les parece en absoluto algo ideal. Como maridos/esposas son excepcionalmente leales, fieles e invariables. Tratan sus responsabilidades de forma muy seria. Ellos mismos son minimalistas y por lo general no tienen grandes exigencias. No les va del todo bien con las obligaciones domésticas diarias y tienen tendencia a olvidar las reuniones acordadas, las fechas y los aniversarios.

Por lo general, son muy tolerantes y garantizan una gran libertad a sus parejas. Ellos esperan lo mismo de su cónyuge. Con su ingenio, imaginación y rica vida interior aportan a la relación pasión y entusiasmo. Sin embargo, a veces les cuesta conciliar sus ideas y visiones con la realidad. El principal problema en las relaciones con los *lógicos* es su incapacidad para percibir los sentimientos y las necesidades emocionales de sus esposas/maridos (a menudo erróneamente advertida como una falta de interés). Los *lógicos* pueden amarlos sinceramente y al mismo tiempo no darse cuenta en absoluto de sus sentimientos, emociones y vivencias. En situaciones difíciles y críticas pueden buscar las causas racionales de los problemas o intentar solucionarlos de forma lógica, sin darse cuenta de que sus esposas/maridos simplemente desean sentir su solicitud, ternura y amor. Ellos mismos no tienen esas necesidades, por lo que suelen sorprenderse de que alguien espere eso de ellos. Esto puede llevar a problemas en el matrimonio.

A veces, los *lógicos* reprochan a sus parejas que exageran o que tienen unas exigencias desmesuradas. Sometidos a presión pueden abandonar la relación, considerando que la situación les ha superado, que su esposa/marido tiene unas expectativas demasiado altas o que no los acepta. Estas experiencias hacen que a veces prefieran la soledad. Los candidatos naturales a maridos/esposas de los *lógicos* son personas de tipos de personalidad afines: *estrategas, innovadores* o *directores*. En estos matrimonios es más fácil crear una comprensión mutua y unas relaciones armoniosas. Sin embargo, la vida muestra que las personas pueden crear relaciones exitosas y felices también a pesar de una evidente disconformidad tipológica. Aún más, las diferencias entre los cónyuges pueden aportar dinámica a estas relaciones y ayudar al desarrollo personal (a muchas personas esta perspectiva les parece más atractiva que la visión de una relación armoniosa, en la que siempre reina el acuerdo y una plena comprensión mutua).

Como padres

Como padres los *lógicos* son muy leales con sus hijos. Desean educarlos como personas independientes, que se guíen por la lógica y sean capaces de hacer juicios racionales y autónomos. Respetan su individualidad, cuentan con sus opiniones y les permiten participar en la toma de decisiones relativas a la vida familiar. Normalmente no ponen limitaciones a los hijos y les dan un buen margen de libertad y espacio para poder desarrollarse.

Su elasticidad, carácter abierto y tolerancia pueden provocar efectos secundarios no deseados: a veces sus hijos tienen problemas para distinguir los comportamientos buenos de los malos, y los deseables de los censurables. A menudo los *lógicos* también tienen dificultades para satisfacer las necesidades afectivas de sus hijos. Suele ocurrir que sus hijos —

intentando llamar la atención — recurren a comportamientos radicales y no deseables. Pasados los años los hijos valoran a los *lógicos* principalmente por haberles enseñado a ser independientes, por la libertad y el respeto a sus decisiones y elecciones.

Trabajo y carrera profesional

La pasión de los *lógicos* es el trabajo en proyectos pioneros e innovadores. Les gusta penetrar en áreas donde todavía nadie ha llegado. Se caracterizan por su lealtad a las empresas para las que trabajan y por su alto estándar de trabajo. Son capaces de valorar rápidamente las competencias ajenas. Son muy exigentes con ellos mismos y con las demás personas. Les irrita cualquier despilfarro, negligencia y pereza.

Superiores

Valoran en los superiores el conocimiento, la experiencia, la inteligencia y una mente abierta. Tan solo esperan de ellos que proporcionen a sus subordinados un espacio en el que puedan actuar libremente y no les molesten.

A ellos mismos no les gusta dirigir a los demás, ni controlar, disciplinar o dar órdenes. A pesar de eso, ejercen una gran influencia sobre los demás y suponen una inspiración para ellos, ya que son una inagotable fuente de nuevas ideas y no tienen miedo a asumir riesgos.

Pasiones y retos

A los *lógicos* no les gustan las tareas rutinarias y se desenvuelven mal en puestos que requieran disponibilidad y el cumplimiento de reglas rígidas y procedimientos burocráticos. Tratan muy seriamente sus obligaciones, pero en ocasiones descuidan cuestiones formales y oficiales (por ejemplo, relativas a la elaboración de informes). Prefieren solucionar problemas complejos de naturaleza teórica, que requieran un pensamiento lógico.

Les apasiona más la preparación de proyectos que la realización de los mismos. Prefieren dejar los aspectos organizativos y prácticos a los demás.

En equipo

Los *lógicos* prefieren trabajar en solitario. No les gusta ser controlados ni supervisados. Necesitan autonomía e independencia. En ocasiones simplemente se obsesionan por su privacidad. Aprecian la tranquilidad y el silencio (son más felices cuando pueden trabajar a distancia desde casa). Sin embargo, son capaces de organizar con eficiencia el trabajo de un grupo de personas si esto es necesario para la resolución de algún problema importante.

Se sienten relativamente bien en equipos que no tienen una estructura jerárquica formal, sino que constituyen un grupo de expertos entusiastas unidos de forma libre y entregados a algún asunto. Valoran positivamente un entorno tolerante que garantice una gran libertad de actuación y espacio para la realización de conceptos creativos e innovadores.

Profesiones

El conocimiento del perfil de personalidad propio y de las preferencias naturales es una ayuda inestimable a la hora de elegir la carrera profesional más conveniente. La experiencia muestra que los *lógicos* pueden trabajar con éxito y sentirse realizados en diferentes campos, aunque su tipo de personalidad los predispone de forma natural para profesiones tales como:

- analista,
- arqueólogo,
- arquitecto,
- asesor financiero,
- científico,
- detective,
- director artístico,
- economista,
- escritor,
- especialista en estrategias,
- especialista en evaluación de riesgos,
- especialista en investigación y desarrollo,
- especialista en sistemas informáticos,
- filósofo,
- fotógrafo,
- historiador,
- informático,

- ingeniero,
- inversor,
- jurista,
- lingüista,
- matemático,
- músico,
- perito,
- planificador,
- productor de cine,
- profesor universitario,
- programador,
- químico,
- traductor.

Potenciales puntos fuertes y débiles

Los *lógicos*, al igual que otros tipos de personalidad, tienen potenciales puntos fuertes y débiles. Este potencial puede ser gestionado de diferentes formas. La felicidad personal y la realización profesional de los *lógicos* dependen de si aprovechan las oportunidades relacionadas con su tipo de personalidad y de si hacen frente a las amenazas que les acechan. He aquí un RESUMEN de estas oportunidades y amenazas:

Puntos fuertes potenciales

Los *lógicos* son personas extraordinariamente inteligentes, creativas e ingeniosas. Pueden relacionar hechos y experiencias individuales y crear a partir de ellos sistemas complejos y coherentes. No son convencionales, son más bien originales y tienen una actitud entusiasta hacia las nuevas ideas y puntos de vista. Tienen una extraordinaria capacidad de concentración y no se dejan distraer: es difícil sacarlos de una tarea importante para ellos. Son capaces de poner toda su energía en la resolución del problema que les ocupa. Se caracterizan por su extraordinariamente alta independencia intelectual. Las opiniones de otras personas no les importan demasiado. Si alguna opinión les parece lógicamente incoherente e irracional, la rechazan, sin tener en cuenta si tras ella está alguna autoridad reconocida o es profesada por la mayoría de la gente.

Son capaces de hacer un excelente uso de sus experiencias: no solo de los éxitos, sino también de los fracasos. Son persistentes y normalmente se ponen el listón muy alto, gracias a lo cual a menudo se convierten en auténticos expertos en los campos de los que se ocupan. Se mueven fácilmente por el mundo de los conceptos abstractos y complejos. Tienen la capacidad de asimilar teorías complejas y también el don de desarrollar pensamientos lógicos y racionales. Perciben muy rápidamente cualquier incoherencia, inconsecuencia y contradicción lógica. Son extraordinariamente meticulosos y lógicos, y al mismo tiempo tolerantes, flexibles y abiertos. Proporcionan a los demás libertad e independencia. Tienen un talento matemático natural y la capacidad de expresarse de forma precisa y concisa. Tienen tendencia a tomar decisiones rápidamente y soportan bien las críticas de otras personas.

Puntos débiles potenciales

Los *lógicos* son extraordinariamente lógicos, pero su lógica puede convertirse en subjetiva y selectiva. Tienen tendencia a concentrarse en informaciones que están relacionadas con el objeto de su interés, o que constituyen una confirmación de sus opiniones y experiencias. Al mismo tiempo pueden rechazar los juicios y los argumentos que no son conformes con su propia experiencia o que no están basados en la lógica. Pueden simplemente ignorar a las personas que viven y perciben el mundo de forma diferente a ellos. A menudo, solo se ocupan de aquello con lo que se sienten a gusto y les interesa: esto puede llevar a limitar sus experiencias y contactos con las personas, e incluso al autoaislamiento. Los *lógicos* tienen dificultades para expresar sus sentimientos y no perciben las necesidades emocionales de otras personas. Pueden herirlas, sin darse cuenta de ello en absoluto.

A veces, pueden ser informales, poco puntuales, olvidadizos y despistados. Llevan mal las obligaciones diarias rutinarias y la puesta en práctica de las ideas teóricas. Sometidos a situaciones de estrés, pueden reaccionar de forma desproporcionada a los estímulos y perder la seguridad en sí mismos. Si no tienen la posibilidad de realizar sus pasiones, pueden adoptar una actitud negativa y crítica hacia el mundo que los rodea, que expresan cuestionando las intenciones sinceras de otras personas, corrigiendo a los demás de forma enfermiza y criticando todo lo que no sea conforme con su punto de vista.

Desarrollo personal

El desarrollo personal de los *lógicos* depende del grado en que utilizan su potencial natural y se sobreponen a los riesgos relacionados con su tipo de personalidad. Los siguientes consejos prácticos constituyen un decálogo característico del *lógico*.

Interésate por las personas

Intenta ponerte en su lugar. Considera qué les sucede, qué les apasiona, qué les intranquiliza y a qué tienen miedo. Pregúntales por su estado de ánimo, cómo les van las cosas, interésate por sus necesidades y opiniones. Muéstrales cariño y sé más generoso con los elogios. ¡Notarás la diferencia y te sorprenderá!

Aprende a planificar el tiempo y a establecer prioridades

El entusiasmo es tu principal motor de acción, pero los plazos temporales, el plan de trabajo y la lista de prioridades no tienen por qué limitar la creatividad, impedir los movimientos y obstaculizar la realización de las tareas. ¡Todo lo contrario! Bien empleados te ayudarán a alcanzar los objetivos deseados.

Permite que la gente se equivoque

Sé más comedido a la hora de criticar y corregir a los demás. Corregir continuamente a los demás, sus declaraciones da una mala impresión. Si el tema no tiene importancia, deja que los demás se equivoquen y tergiversen los hechos. Nadie va a sufrir por eso, y tú ahorrarás bastante energía.

Habla más

Comparte con los demás tus pensamientos e ideas. Expresa tus emociones y di cómo te sientes y lo que te pasa. De esta forma ayudarás a tus compañeros de trabajo y familiares. Normalmente, cualquier cosa que digas será mejor que el silencio.

Ensancha tu mundo

Prueba cosas que vayan más allá del mundo de tus intereses actuales. Visita lugares en los que todavía no hayas estado, habla con gente a la que todavía no conocías, encárgate de tareas relacionadas con áreas de las que aún no te hayas ocupado. Esto te proporcionará muchas ideas valiosas y hará que percibas el mundo desde una perspectiva más amplia.

No rechaces las ideas y opiniones de otras personas

Cuando sean contrarias a tus puntos de vista, no supongas de antemano que son erróneas. Antes de juzgarlas como algo sin valor, piensa bien en ellas e intenta comprenderlas. La capacidad de escuchar a los demás puede revolucionar tus relaciones con las personas.

Recuerda las fechas y los aniversarios

Los encuentros acordados, los cumpleaños y aniversarios de familiares pueden parecerte algo poco importante en comparación con los asuntos que te ocupan. Sin embargo, para otros a menudo tienen una importancia colosal. ¡Si no eres capaz de recordar fechas y plazos, anótalos!

No te aísles

Posiblemente nunca te gusten los chismes, las charlas y las reuniones de amigos. Sin embargo, cuida los contactos con tus amigos más próximos y encuéntrate con gente a la que le guste discutir sobre los temas que te interesan. También puedes conocer gente en internet (por ejemplo, utilizando grupos de discusión, portales sociales o foros especializados).

Sé más práctico

Piensa en los aspectos prácticos de tus teorías e ideas. Para aprovechar totalmente su potencial, intenta convencer de ellas a otras personas y reflexiona sobre las maneras de ponerlas en la práctica. No permitas que los frutos de tu trabajo se queden solo en el papel.

Concéntrate en las cosas positivas

No te concentres en las deficiencias, los errores y las contradicciones lógicas. No cuestiones las buenas intenciones de otras personas. Aprende a percibir las cosas positivas y concéntrate en el lado bueno de la vida.

Personas conocidas

La lista de personas conocidas que se corresponden con el perfil de *lógico* incluye, entre otros, los siguientes nombres:

- **Blaise Pascal** (1623 - 1662), matemático, físico, filósofo y apologista francés;
- **Adam Smith** (1723 - 1790), pensador y economista escocés (entre otras obras, *Una investigación sobre la naturaleza y causas de la riqueza de las naciones*);
- **James Madison** (1751 - 1836), cuarto presidente de los Estados Unidos, signatario de la Constitución de los Estados Unidos;
- **Charles Darwin** (1809 - 1882), biólogo inglés, autor de la teoría de la evolución;
- **William James** (1842 - 1910), filósofo estadounidense, psicólogo, precursor de la psicología humanista y la fenomenología;

- **Carl Gustav Jung** (1875 - 1961), psiquiatra y psicólogo suizo, creador de la psicología analítica;
- **Albert Einstein** (1879 - 1955), nacido en Alemania en el seno de una familia judía, uno de los mayores físicos teóricos de todos los tiempos, creador de la teoría de la relatividad, coautor de la teoría onda-corpúsculo de la luz (Premio Nobel por su descripción del efecto fotoeléctrico);
- **Dwight David Eisenhower** (1890 - 1969), general estadounidense y trigésimo cuarto presidente de los Estados Unidos;
- **Gregory Peck** (1916 - 2003), actor de cine estadounidense (entre otras películas, *Los cañones de Navarone*);
- **George Soros** (n. 1930), financiero estadounidense de origen húngaro-judío, especulador de divisas y filántropo;
- **Bob Geldof**, realmente Robert Frederick Zenon Geldof (n. 1951), vocalista irlandés, autor de letras de canciones y activista social;
- **J.K. Rowling**, realmente Joanne Murray, (n. 1965), escritora inglesa, autora de la serie *Harry Potter*;

- **Eldrick «Tiger» Woods** (n. 1975),
  jugador de golf estadounidense,
  considerado uno de los más
  sobresalientes representantes de esta
  disciplina en la historia.

16 tipos de personalidad de forma breve

Administrador (ESTJ)

Lema vital: *¡Hagamos esa tarea!*

Trabajador, responsable y extraordinariamente leal. Enérgico y decidido. Valora el orden, la estabilidad, la seguridad y las reglas claras. Objetivo y concreto. Lógico, racional y práctico. Es capaz de asimilar una gran cantidad de información detallada.

Organizador perfecto. No tolera la ineficiencia, el despilfarro ni la pereza. Fiel a sus convicciones y directo en los contactos. Presenta sus puntos de vista de forma decidida y expresa abiertamente opiniones críticas, por lo que en ocasiones hiere inconscientemente a otras personas.

Tendencias naturales del *administrador*:

- Fuente de energía vital: mundo exterior.
- Asimilación de información: sentidos.
- Toma de decisiones: razón.
- Estilo de vida: organizado.

Tipos de personalidad similares:

- *Animador*
- *Inspector*
- *Pragmático*

Datos estadísticos:

- Los *administradores* constituyen el 10-13% de la sociedad.
- Entre los *administradores* predominan los hombres (60%).
- Un país que se corresponde con el perfil del *administrador* son los Estados Unidos[2].

Código literal:

El código literal universal del *administrador* en las tipologías de personalidad de Jung es ESTJ.

---

[2] Esto no quiere decir que todos los habitantes de los EE. UU. pertenezcan a este tipo de personalidad, sino que la sociedad estadounidense, en su conjunto, tiene muchas características del *administrador*.

Más:

Jarosław Jankowski
Tu tipo de personalidad: Administrador (ESTJ)

Animador (ESTP)

Lema vital: *¡Hagamos algo!*

Enérgico, activo y emprendedor. Le gusta la compañía de otros y sabe pasárselo bien y disfrutar del momento presente. Es espontáneo, flexible y suele estar abierto a los cambios.

Es entusiasta inspirador e iniciador, suele motivar a los demás a actuar. Lógico, racional y extraordinariamente pragmático. Realista. Le aburren las ideas abstractas y las reflexiones sobre el futuro. Procura solucionar los problemas concretos e inmediatos que se le presentan, pero a menudo también tiene dificultades con la organización y la planificación. Suele ser impulsivo. Suele ocurrir que primero actúa y luego piensa.

Tendencias naturales del *animador*:

- Fuente de energía vital: mundo exterior.
- Asimilación de información: sentidos.
- Toma de decisiones: razón.
- Estilo de vida: espontáneo.

Tipos de personalidad similares:

- *Administrador*
- *Pragmático*
- *Inspector*

Datos estadísticos:

- Los *animadores* constituyen el 6-10% de la sociedad.
- Entre los *animadores* predominan los hombres (60%).
- El país que se corresponde con el perfil de *animador* es Australia.

Código literal:

El código literal universal del *animador* en las tipologías de personalidad de Jung es ESTP.

Más:

Jarosław Jankowski
Tu tipo de personalidad: Animador (ESTP)

Artista (ISFP)

Lema vital: *¡Creemos algo!*

Sensible, creativo y original. Tiene un gran sentido de la estética y capacidades artísticas naturales. Independiente, se guía por su propia escala de valores y no cede ante la presión. Optimista y con una actitud positiva hacia la vida; es capaz de disfrutar del momento.

Disfruta ayudando a los demás. Le aburren las teorías abstractas; prefiere crear la realidad que hablar de ella. Sin embargo, le resulta más fácil empezar cosas nuevas que acabar las empezadas antes. Suele tener dificultades para expresar sus propios deseos y necesidades.

Tendencias naturales del *artista*:

- Fuente de energía vital: mundo interior.
- Asimilación de información: sentidos.
- Toma de decisiones: corazón.
- Estilo de vida: espontáneo.

Tipos de personalidad similares:

- *Protector*
- *Presentador*
- *Defensor*

Datos estadísticos:

- Los *artistas* constituyen el 6-9% de la población.
- Entre los *artistas* predominan las mujeres (60%).
- El país que se corresponde con el perfil de *artista* es China.

Código literal:

El código literal universal del *artista* en las tipologías de personalidad de Jung es ISFP.

Más:

Jarosław Jankowski
Tu tipo de personalidad: Artista (ISFP)

Consejero (ENFJ)

Lema vital: *Mis amigos son mi mundo.*

Optimista, entusiasta y gracioso. Amable, sabe actuar con tacto. Tiene el extraordinario don de la empatía y disfruta actuando de forma desinteresada a favor de los demás. Es capaz de influir en sus vidas: inspira, descubre en ellos el potencial oculto que tienen y suscita confianza en sus propias fuerzas. Irradia ternura y atrae a las demás personas. A menudo las ayuda a resolver sus problemas personales.

Suele ser crédulo, aunque un poco ingenuo, y tiene tendencia a ver el mundo de color de rosa. Concentrado en los demás, a menudo se olvida de sus propias necesidades.

Tendencias naturales del *consejero*:

- Fuente de energía vital: mundo exterior.
- Asimilación de información: intuición.
- Toma de decisiones: corazón.
- Estilo de vida: organizado.

Tipos de personalidad similares:

- *Entusiasta*
- *Mentor*
- *Idealista*

Datos estadísticos:

- Los *consejeros* constituyen el 3-5% de la población.
- Entre los *consejeros* predominan claramente las mujeres (80%).
- El país que se corresponde con el perfil de *consejero* es Francia.

Código literal:

El código literal universal del *consejero* en las tipologías de personalidad de Jung es ENFJ.

Más:

Jarosław Jankowski
Tu tipo de personalidad: Consejero (ENFJ)

Defensor (ESFJ)

Lema vital: *¿Cómo puedo ayudarte?*

Entusiasta, enérgico y bien organizado. Práctico, responsable, concienzudo. Cordial y extraordinariamente sociable.

Percibe los sentimientos humanos, las emociones y necesidades. Valora la armonía. Soporta mal la crítica y los conflictos. Es sensible a todas las manifestaciones de injusticia y protesta cuando ve que lastiman a otras personas. Se interesa sinceramente por los problemas de los demás y siente una verdadera alegría al ayudarlos. Al velar por sus necesidades a menudo desatiende las suyas propias. Tiene tendencia a hacer por los demás cosas que ellos mismos deberían hacer. Suele ser susceptible a la manipulación.

Tendencias naturales del *defensor*:

- Fuente de energía vital: mundo exterior.
- Asimilación de información: sentidos.
- Toma de decisiones: corazón.
- Estilo de vida: organizado.

Tipos de personalidad similares:

- Presentador
- Protector
- Artista

Datos estadísticos:

- Los *defensores* constituyen el 10-13% de la población.
- Entre los *defensores* predominan claramente las mujeres (70%).
- El país que se corresponde con el perfil de *defensor* es Canadá.

Código literal:

El código literal universal del *defensor* en las tipologías de personalidad de Jung es ESFJ.

Más:

Jarosław Jankowski
Tu tipo de personalidad: Defensor (ESFJ)

Director (ENTJ)

Lema vital: *Os diré lo que hay que hacer.*

Independiente, activo y decidido. Racional, lógico y creativo. Percibe un contexto más amplio de los problemas analizados y es capaz de prever las futuras consecuencias de las acciones humanas. Se caracteriza por el optimismo y un sensato sentido de su propio valor. Es capaz de transformar conceptos teóricos en planes de actuación concretos y prácticos.

Visionario, mentor y organizador. Tiene unas capacidades de liderazgo innatas. Su fuerte personalidad, su criticismo y su estilo directo a menudo intimidan a los demás y provocan problemas en sus relaciones interpersonales.

Tendencias naturales del *director*:

- Fuente de energía vital: mundo exterior.
- Asimilación de información: intuición.
- Toma de decisiones: razón.
- Estilo de vida: organizado.

Tipos de personalidad similares:

- *Innovador*
- *Estratega*
- *Lógico*

Datos estadísticos:

- Los *directores* constituyen el 2-5% de la población.

- Entre los *directores* predominan claramente los hombres (70%).
- El país que se corresponde con el perfil de *director* es Holanda.

Código literal:

El código literal universal del *director* en las tipologías de personalidad de Jung es ENTJ.

Más:

Jarosław Jankowski
Tu tipo de personalidad: Director (ENTJ)

Entusiasta (ENFP)

Lema vital: *¡Podemos hacerlo!*

Enérgico, entusiasta y optimista. Es capaz de disfrutar de la vida y piensa a largo plazo. Dinámico, ingenioso y creativo. Le gustan las personas y aprecia las relaciones sinceras y auténticas. Cálido, cordial y emocional. Soporta mal la crítica. Tiene el don de la empatía y percibe las necesidades, los sentimientos y los motivos de los demás. Los inspira y los contagia con su entusiasmo.

Le gusta estar en el centro de los acontecimientos. Es flexible y capaz de improvisar. Es propenso a tener ocurrencias idealistas. Se distrae con facilidad y tiene problemas para llevar los asuntos hasta el final.

Tendencias naturales del *entusiasta*:

- Fuente de energía vital: mundo exterior.
- Asimilación de información: intuición.
- Toma de decisiones: corazón.
- Estilo de vida: espontáneo.

Tipos de personalidad similares:

- *Consejero*
- *Idealista*
- *Mentor*

Datos estadísticos:

- Los *entusiastas* constituyen el 5-8% de la población.
- Entre los *entusiastas* predominan las mujeres (60%).
- El país que se corresponde con el perfil de *entusiasta* es Italia.

Código literal:

El código literal universal del *entusiasta* en las tipologías de personalidad de Jung es ENFP.

Más:

Jarosław Jankowski
Tu tipo de personalidad: Entusiasta (ENFP)

Estratega (INTJ)

Lema vital: *Esto puede perfeccionarse.*

Independiente, marcado individualismo, con una enorme cantidad de energía interna. Creativo e ingenioso. Visto por los demás como competente y seguro de sí mismo y, a la vez, como distante y enigmático. Mira cada asunto desde una perspectiva amplia. Desea perfeccionar y ordenar el mundo que le rodea.

Bien organizado, responsable, crítico y exigente. Es difícil sacarlo de sus casillas, pero también es difícil satisfacerlo totalmente. Por lo general, tiene problemas para interpretar los sentimientos y emociones de otras personas.

Tendencias naturales del *estratega*:

- Fuente de energía vital: mundo interior.
- Asimilación de información: intuición.
- Toma de decisiones: razón.
- Estilo de vida: organizado.

Tipos de personalidad similares:

- *Lógico*
- *Director*
- *Innovador*

Datos estadísticos:

- Los *estrategas* constituyen el 1-2% de la población.

- Entre los *estrategas* predominan claramente los hombres (80%).
- El país que se corresponde con el perfil de *estratega* es Finlandia.

Código literal:

El código literal universal del *estratega* en las tipologías de personalidad de Jung es INTJ.

Más:

Jarosław Jankowski
Tu tipo de personalidad: Estratega (INTJ)

Idealista (INFP)

Lema vital: *Se puede vivir de otra manera.*

Sensible, leal, creativo. Desea vivir según los valores que profesa. Muestra interés por la realidad espiritual y ahonda en los secretos de la vida. Suele conmoverse por los problemas del mundo y está abierto a las necesidades de otras personas. Valora la armonía y el equilibrio.

Romántico: es capaz de demostrar amor, pero él mismo también necesita cariño y afecto. Interpreta perfectamente los motivos y sentimientos de otras personas. Crea relaciones sanas, profundas y duraderas. En situaciones de conflicto lo pasa mal, no sabe qué hacer. No resiste el estrés y la crítica.

Tendencias naturales del *idealista*:

- Fuente de energía vital: mundo interior.
- Asimilación de información: intuición.
- Toma de decisiones: corazón.
- Estilo de vida: espontáneo.

Tipos de personalidad similares:

- *Mentor*
- *Entusiasta*
- *Consejero*

Datos estadísticos:

- Los *idealistas* constituyen el 1-4% de la población.
- Entre los *idealistas* predominan las mujeres (60%).
- El país que se corresponde con el perfil de *idealista* es Tailandia.

Código literal:

El código literal universal del *idealista* en las tipologías de personalidad de Jung es INFP.

Más:

Jarosław Jankowski
Tu tipo de personalidad: Idealista (INFP)

Innovador (ENTP)

Lema vital: *Y si probamos a hacerlo de otra forma...*

Ingenioso, original e independiente. Optimista. Enérgico y emprendedor. Persona de acción: le gusta estar en el centro de los acontecimientos y resolver «problemas irresolubles». Tiene curiosidad por el mundo, y es propenso al riesgo y suele ser impaciente. Visionario, abierto a nuevas ideas y ocurrencias. Le gustan las nuevas experiencias y los experimentos. Percibe las relaciones entre acontecimientos concretos y piensa a largo plazo.

Espontáneo, comunicativo y seguro de sí mismo. Propenso a sobrevalorar sus propias posibilidades. Tiene problemas para llevar los asuntos hasta el final.

Tendencias naturales del *innovador*:

- Fuente de energía vital: mundo exterior.
- Asimilación de información: intuición.
- Toma de decisiones: razón.
- Estilo de vida: espontáneo.

Tipos de personalidad similares:

- *Director*
- *Lógico*
- *Estratega*

Datos estadísticos:

- Los *innovadores* constituyen el 3-5% de la población.
- Entre los *innovadores* predominan claramente los hombres (70%).
- El país que se corresponde con el perfil de *innovador* es Israel.

Código literal:

El código literal universal del *innovador* en las tipologías de personalidad de Jung es ENTP.

Más:

Jarosław Jankowski
Tu tipo de personalidad: Innovador (ENTP)

Inspector (ISTJ)

Lema vital: *Primero las obligaciones.*

Una persona con la que siempre se puede contar. Educado, puntual, cumplidor, concienzudo, responsable: «persona de confianza». Analítico, metódico, sistemático y lógico. Los otros lo ven como reservado, frío y serio. Aprecia la tranquilidad, la estabilidad y el orden. No le gustan los cambios. En cambio, le gustan los principios claros y las reglas concretas.

Trabajador y perseverante, es capaz de llevar los asuntos hasta el final. Perfeccionista. Quiere controlarlo todo. Parco en elogios. No aprecia el valor de los sentimientos y las emociones de otras personas.

Tendencias naturales del *inspector*:

- Fuente de energía vital: mundo interior.
- Asimilación de información: sentidos.
- Toma de decisiones: razón.
- Estilo de vida: organizado.

Tipos de personalidad similares:

- *Pragmático*
- *Administrador*
- *Animador*

Datos estadísticos:

- Los *inspectores* constituyen el 6-10% de la población.
- Entre los *inspectores* predominan los hombres (60%).
- El país que se corresponde con el perfil de *inspector* es Suiza.

Código literal:

El código literal universal del *inspector* en las tipologías de personalidad de Jung es ISTJ.

Más:

Jarosław Jankowski
Tu tipo de personalidad: Inspector (ISTJ)

Lógico (INTP)

Lema vital: *Lo más importante es conocer la verdad acerca del mundo.*

Original, ingenioso y creativo. Le gusta resolver problemas de índole teórica. Analítico, brillante y con una actitud entusiasta hacia las nuevas ideas. Es capaz de relacionar fenómenos concretos y deducir de ellos principios generales y teorías. Lógico, preciso e indagador. Percibe rápidamente los síntomas de incoherencia e inconsecuencia.

Independiente y escéptico ante las soluciones y autoridades establecidas. Tolerante y abierto a los nuevos retos. Se suele quedar absorto en sus reflexiones, a veces pierde el contacto con el mundo exterior.

Tendencias naturales del *lógico*:

- Fuente de energía vital: mundo interior.
- Asimilación de información: intuición.
- Toma de decisiones: razón.
- Estilo de vida: espontáneo.

Tipos de personalidad similares:

- *Estratega*
- *Innovador*
- *Director*

Datos estadísticos:

- Los *lógicos* constituyen el 2-3% de la población.
- Entre los *lógicos* predominan claramente los hombres (80%).
- El país que se corresponde con el perfil de *lógico* es la India.

Código literal:

El código literal universal del *lógico* en las tipologías de personalidad de Jung es INTP.

Más:

Jarosław Jankowski
Tu tipo de personalidad: Lógico (INTP)

Mentor (INFJ)

Lema vital: *¡El mundo puede ser mejor!*

Creativo, sensible, adelantado a su tiempo, capaz de ver las posibilidades que los demás no ven. Idealista y visionario orientado a la ayuda a las personas. Concienzudo, responsable y al mismo tiempo amable, solícito y amistoso. Se esfuerza por entender los mecanismos que rigen el mundo y trata de ver los problemas desde una perspectiva más amplia.

Excelente oyente y observador. Se caracteriza por una extraordinaria empatía, por su intuición y la confianza en las personas. Es capaz de interpretar los sentimientos y las emociones.

Soporta mal la crítica y las situaciones de conflicto. Puede parecer enigmático.

Tendencias naturales del *mentor*:

- Fuente de energía vital: mundo interior.
- Asimilación de información: intuición.
- Toma de decisiones: corazón.
- Estilo de vida: organizado.

Tipos de personalidad similares:

- *Idealista*
- *Consejero*
- *Entusiasta*

Datos estadísticos:

- Los *mentores* constituyen aproximadamente el 1% de la población y son el tipo de personalidad menos frecuente.
- Entre los *mentores* predominan claramente las mujeres (80%).
- El país que se corresponde con el perfil de *mentor* es Noruega.

Código literal:

El código literal universal del *mentor* en las tipologías de personalidad de Jung es INFJ.

Más:

Jarosław Jankowski
Tu tipo de personalidad: Mentor (INFJ)

Pragmático (ISTP)

Lema vital: *Los actos son más importantes que las palabras.*

Optimista, espontáneo y con una actitud positiva hacia la vida. Comedido e independiente. Fiel a sus propias convicciones y escéptico ante las normas y principios externos. Le aburren las teorías y las reflexiones sobre el futuro.

Prefiere actuar y solucionar problemas concretos y tangibles.

Se adapta bien a los nuevos lugares y situaciones. Le gustan los nuevos retos y el riesgo. Es capaz de mantener la sangre fría ante las amenazas y los peligros. Su taciturnidad y su extrema sobriedad a la hora de expresar opiniones hace que suela ser indescifrable para los demás.

Tendencias naturales del *pragmático*:

- Fuente de energía vital: mundo interior.
- Asimilación de información: sentidos.
- Toma de decisiones: razón.
- Estilo de vida: espontáneo.

Tipos de personalidad similares:

- *Inspector*
- *Animador*
- *Administrador*

Datos estadísticos:

- Los *pragmáticos* constituyen el 6-9% de la población.
- Entre los *pragmáticos* predominan los hombres (60%).
- El país que se corresponde con el perfil de *pragmático* es Singapur.

Código literal:

El código literal universal del *pragmático* en las tipologías de personalidad de Jung es ISTP.

Más:

Jarosław Jankowski
Tu tipo de personalidad: Pragmático (ISTP)

Presentador (ESFP)

Lema vital: *¡Hoy es el momento perfecto!*

Optimista, enérgico y abierto a las personas. Es capaz de disfrutar de la vida y pasarlo bien. Práctico y al mismo tiempo flexible y espontáneo. Le gustan los cambios y las nuevas experiencias. Soporta mal la soledad, el estancamiento y la rutina. Se siente bien estando en el centro de atención.

Tiene unas capacidades interpretativas naturales y es capaz de hablar de una forma que despierta el interés y el entusiasmo de los oyentes. Al concentrarse en el día de hoy, a veces pierde de vista los objetivos a largo plazo. Suele tener problemas a la hora de prever las consecuencias de sus actos.

Tendencias naturales del *presentador*:

- Fuente de energía vital: mundo exterior.
- Asimilación de información: sentidos.
- Toma de decisiones: corazón.
- Estilo de vida: espontáneo.

Tipos de personalidad similares:

- *Defensor*
- *Artista*
- *Protector*

Datos estadísticos:

- Los *presentadores* constituyen el 8 -13% de la población.
- Entre los *presentadores* predominan las mujeres (60%).
- El país que se corresponde con el perfil de *presentador* es Brasil.

Código literal:

El código literal universal del *presentador* en las tipologías de personalidad de Jung es ESFP.

Más:

Jarosław Jankowski
Tu tipo de personalidad: Presentador (ESFP)

Protector (ISFJ)

Lema vital: *Me importa tu felicidad.*

Sincero, tierno, modesto, digno de confianza y extraordinariamente leal. Pone en primer lugar a los demás: percibe sus necesidades y desea ayudarles. Práctico, bien organizado y responsable. Paciente, trabajador y perseverante: es capaz de llevar los asuntos hasta el final.

Observa y recuerda los detalles. Valora mucho la tranquilidad, la estabilidad y las relaciones amistosas con los demás. Es capaz de tender puentes entre las personas. Soporta mal los conflictos y la crítica. Tiene un fuerte sentido de la responsabilidad y siempre está dispuesto a ayudar. Los demás suelen aprovecharse de él.

Tendencias naturales del *protector*:

- Fuente de energía vital: mundo interior.
- Asimilación de información: sentidos.
- Toma de decisiones: corazón.
- Estilo de vida: organizado.

Tipos de personalidad similares:

- *Artista*
- *Defensor*
- *Presentador*

Datos estadísticos:

- Los *protectores* constituyen el 8-12% de la población.

- Entre los *protectores* predominan claramente las mujeres (70%).
- El país que se corresponde con el perfil de *protector* es Suecia.

Código literal:

El código literal universal del *protector* en las tipologías de personalidad de Jung es ISFJ.

Más:

Jarosław Jankowski
Tu tipo de personalidad: Protector (ISFJ)

Apéndice

Las cuatro tendencias naturales

1. Fuente de energía vital dominante

   o MUNDO EXTERIOR
   Personas que obtienen energía del
   exterior, que necesitan actividad y
   contacto con los demás. Soportan
   mal la soledad prolongada.

   o MUNDO INTERIOR
   Personas que obtienen energía del
   mundo interior, que necesitan
   silencio y soledad. Se sienten
   agotados cuando están mucho
   tiempo en medio de un grupo.

2. Forma dominante de asimilación de la información

   o SENTIDOS
   Personas que dependen de los cinco sentidos. Les convencen los hechos y las pruebas. Les gustan los métodos comprobados y las tareas prácticas y concretas. Son realistas y se basan en la experiencia.

   o INTUICIÓN
   Personas que dependen de un sexto sentido, que se guían por los presentimientos. Les gustan las soluciones innovadoras y los problemas de índole teórica. Se caracterizan por su enfoque creativo de las tareas y por su capacidad de previsión.

3. Forma de toma de decisiones dominante

   o RAZÓN
   Personas que se guían por la lógica y los principios objetivos. Críticos y directos a la hora de expresar sus opiniones.

   o CORAZÓN
   Personas que se guían por los sentimientos y los valores. Anhelan

la armonía y necesitan estar bien con los demás.

4. Estilo de vida dominante

o ORGANIZADO
Personas concienzudas y organizadas. Valoran el orden, son personas a quienes les gusta actuar según un plan.

o ESPONTÁNEO
Personas espontáneas, que valoran la libertad. Disfrutan del momento y se encuentran a gusto en situaciones nuevas.

Porcentaje orientativo de los diferentes tipos de personalidad en la población

Tipo de personalidad:	Porcentaje:
Administrador (ESTJ):	10 – 13%
Animador (ESTP):	6 – 10%
Artista (ISFP):	6 – 9%
Consejero (ENFJ):	3 – 5 %
Defensor (ESFJ):	10 – 13%
Director (ENTJ):	2 – 5%
Entusiasta (ENFP):	5 – 8%
Estratega (INTJ):	1 – 2%
Idealista (INFP):	1 – 4%
Innovador (ENTP):	3 – 5%
Inspector (ISTJ):	6 – 10%

Lógico (INTP):	2 – 3%
Mentor (INFJ):	aprox. 1%
Pragmático (ISTP):	6 – 9%
Presentador (ESFP):	8 – 13%
Protector (ISFJ):	8 – 12%

Porcentaje orientativo de mujeres y hombres entre las personas con un determinado tipo de personalidad

Tipo de personalidad:	Mujere/ hombres:
Administrador (ESTJ):	40% / 60%
Animador (ESTP):	40% / 60%
Artista (ISFP):	60% / 40%
Consejero (ENFJ):	80% / 20%
Defensor (ESFJ):	70% / 30%
Director (ENTJ):	30% / 70%
Entusiasta (ENFP):	60% / 40%
Estratega (INTJ):	20% / 80%
Idealista (INFP):	60% / 40%
Innovador (ENTP):	30% / 70%
Inspector (ISTJ):	40% / 60%
Lógico (INTP):	20% / 80%
Mentor (INFJ):	80% / 20%
Pragmático (ISTP):	40% / 60%
Presentador (ESFP):	60% / 40%
Protector (ISFJ):	70% / 30%

Bibliografía

- Arraj James, *Tracking the Elusive Human, Volume 2: An Advanced Guide to the Typological Worlds of C. G. Jung, W.H. Sheldon, Their Integration, and the Biochemical Typology of the Future*, Inner Growth Books, 1990.

- Arraj Tyra, Arraj James, *Tracking the Elusive Human, Volume 1: A Practical Guide to C.G. Jung's Psychological Types, W.H. Sheldon's Body and Temperament Types and Their Integration*, Inner Growth Books, 1988.

- Berens Linda V., Cooper Sue A., Ernst Linda K., Martin Charles R., Myers Steve, Nardi Dario, Pearman Roger R., Segal Marci, Smith Melissa A., *Quick Guide to the 16 Personality Types in Organizations: Understanding Personality Differences in the Workplace*, Telos Publications, 2002.

- Geier John G., Downey E. Dorothy, *Energetics of Personality*, Aristos Publishing House, 1989.

- Hunsaker Phillip L., Alessandra J. Anthony, *The Art of Managing People*, Simon and Schuster, 1986.

- Jung Carl Gustav, *Tipos psicológicos*, Trotta, 2013.

- Kise Jane A. G., Stark David, Krebs Hirsch Sandra, *LifeKeys: Discover Who You Are*, Bethany House, 2005.

- Kroeger Otto, Thuesen Janet, *Type Talk or How to Determine Your Personality Type and Change Your Life*, Delacorte Press, 1988.

- Lawrence Gordon, *Looking at Type and Learning Styles*, Center for Applications of Psychological Type, 1997.

- Lawrence Gordon, *People Types and Tiger Stripes*, Center for Applications of Psychological Type, 1993.

- Maddi Salvatore R., Personality Theories: *A Comparative Analysis*, Waveland, 2001.

- Martin Charles R., *Looking at Type: The Fundamentals Using Psychological Type To Understand and Appreciate Ourselves and Others*, Center for Applications of Psychological Type, 2001.

- Meier C.A., *Personality: The Individuation Process in the Light of C. G. Jung's Typology*, Daimon Verlag, 2007.

- Pearman Roger R., Albritton Sarah, *I'm Not Crazy, I'm Just Not You: The Real Meaning of the Sixteen Personality Types*, Davies-Black Publishing, 1997.

- Segal Marci, *Creativity and Personality Type: Tools for Understanding and Inspiring the Many Voices of Creativity*, Telos Publications, 2001.

- Sharp Daryl, *Personality Type: Jung's Model of Typology*, Inner City Books, 1987. Spoto Angelo, Jung's Typology in Perspective, Chiron Publications, 1995.

- Tannen Deborah, *Tú no me entiendes*, Círculo de lectores, 1992.

- Thomas Jay C., Segal Daniel L., *Comprehensive Handbook of Personality and Psychopathology*, Personality and Everyday Functioning, Wiley, 2005.

- Thomson Lenore, *Personality Type: An Owner's Manual*, Shambhala, 1998.

- Tieger Paul D., Barron-Tieger Barbara, *Just Your Type: Create the Relationship You've Always Wanted Using the Secrets of Personality Type*, Little, Brown and Company, 2000.

- Von Franz Marie-Louise, Hillman James, *Lectures on Jung's Typology*, Continuum International Publishing Group, 1971.

www.ingramcontent.com/pod-product-compliance
Lightning Source LLC
Chambersburg PA
CBHW031206020426
42333CB00013B/815